MARIO BENEDETTI

ONLY IN THE MEANTIME
& OFFICE POEMS

D0921176

translated from the Spanish and with an introduction by
Harry Morales

HOST PUBLICATIONS
AUSTIN, TX

Host Publications, Inc. 1000 East 7th, Suite 201, Austin, TX 78702

Layout and Design: Joe Bratcher & Anand Ramaswamy
Cover Photograph: Alex Heinke
Cover Design: Anand Ramaswamy

Library of Congress Catalog Number: 2006921075
ISBN 10: 0-924047-32-1
ISBN 13: 978-0-9240-4731-2

First Edition

MARIO BENEDETTI

ONLY IN THE MEANTIME
& OFFICE POEMS

translated from the Spanish and with an introduction by
Harry Morales

ACKNOWLEDGMENTS

The English translations of the poems from *Only in the Meantime and Office Poems* have also appeared in the following journals:

"Typist," in *The American Voice*, Number 26, Spring 1992.

"However," in *Nimrod*, Volume 36, Number 1, Fall/Winter 1992.

"Choosing My Landscape," in *Nimrod*, Volume 36, Number 1, Fall/Winter 1992.

"Nocturnal," in *International Poetry Review*, Volume XVIII, Number 2, Fall 1992.

"Vacation," in *Poetry New York*, Number 7, Winter 1994/Spring 1995.

"Bonus," in *Luz en Arte y Literatura*, Number 11, Spring 1998.

"Now on the Other Hand," "Only in the Meantime," "The First Glances," "Absence of God," "Like an Ivy," "The New Guy," "Summer," "Monday," "Board of Directors," "Afterwards," "Kindergarten," and "Angelus," in *The Dirty Goat*, Issue 12, Winter 2002.

"This is My House," in *Luna*, Volume 5, Winter 2003.

TABLE OF CONTENTS

Poemas De La Oficina / Office Poems

1953–1956

This translation is equally dedicated to
Jeff and Dana, *golden*

Mario Benedetti: The Neighboring Poet

*If I love you it's because you're
my love my accomplice and everything
and on the street elbow to elbow
we're much more than two.*

*Mario Benedetti,
"Te Quiero" (1973)*

Gregory Rabassa, my beloved mentor, padrino and the revered literary translator of such Latin American literature classics as *Rayuela* (*Hopscotch*, Pantheon, 1966) by Julio Cortázar and *Cien Años de Soledad* (*One Hundred Years of Solitude*, Harper & Row, 1970) by Gabriel García Márquez, among many others, has often called me Mario Benedetti's "champion." It's a term he began using only somewhat recently, whenever we discussed some Benedetti text I was translating at the time. He didn't use the term as a way to apply pressure, but to express how proud he was that I had made such a necessary and important selection in Mario Benedetti. Moreover, he too had "championed" a number of previously unknown Latin American writers over the years and clearly understood this unselfish good deed. My interest in the poetry and overall work of Benedetti was encouraged and strengthened by a Uruguayan friend and co-worker, Pablo

Pérez, whose father was a close personal friend of Benedetti's. It was Pablo who suggested that I try to release myself of whatever ties that were binding me to reading *esos escritores Norteamericanos* and invite Mario Benedetti's brilliant work, especially his poetry, into my psyche. Little did I imagine at the time that I would be so overwhelmed by the natural strength of his work, and that I, an inconsistent poetry reader at best, could summon the nerve to honestly render Benedetti's words into English. For years my translator colleagues would laugh whenever I told them that I felt as if I were somehow being watched by Benedetti; naturally, it was the imagined weight I felt on my shoulders upon confronting this meritorious and isolating task.

As with so much of Benedetti's poetry, the poems which comprise these two collections presented in a bilingual format do not reflect an imagined weight, but rather a slice of the imagery of everyday middle class life in Montevideo. On these pages, the world of office workers shares the stage with the spiritual world of middle class inhabitants; the lives of the poor and the wealthy remain unexamined and perhaps even overlooked. Benedetti takes non-descript urban dwellers and elevates their seemingly insignificant struggles to a level of serious literary concern. He has the ability to transform the myths of the middle class and their reaction to the contemporary world into a realistic and objective type of poetry, thus allowing him to become a keen and sympathetic analyzer of the Uruguayan mind. That a writer can achieve the same impact with his poetry that he does with his prose is a tremendous achievement. Benedetti journeys from the everyday to the epic, from the emotional reflection to the political compromise, at no moment losing a direct and detailed style.

These poems talk to us about memories and forgetfulness, of visible and invisible crimes, of masks and farewells, and of life and death. The extraordinary handling of irony, simplicity, and its already unmistakable rhythm, has turned Mario Benedetti into one of the most widely read and popular contemporary poets of the Spanish language. Few poets have managed to forge such a bond with the reading public, transcend the barriers that usually separate art from life, and with an original voice renew the language of feelings. Colleagues living in Buenos Aires and Montevideo have reported to me that Benedetti's poetry readings at halls and convention centers always have long lines formed around the block, a rock-star aura created by generations of young and old Argentines and Uruguayans who flock to hear him read whenever he appears in public.

The English translation of Benedetti's two verse collections, *Only in the Meantime: Poems: 1948-1950* and *Office Poems: 1953-1956*, is a valuable addition to the undervalued canon of Latin American poetry. It is hoped that the publication of these two works will propel Mario Benedetti into the mainstream of the North American poetry reading public.

— *Harry Morales*

SÓLO MIENTRAS TANTO

1948–1950

ONLY IN THE MEANTIME

1948–1950

Ésta Es Mi Casa

No cabe duda. Ésta es mi casa
aquí sucedo, aquí
me engaño inmensamente.
Ésta es mi casa detenida en el tiempo.

Llega el otoño y me defiende,
la primavera y me condena.
Tengo millones de huéspedes
que ríen y comen,
copulan y duermen,
juegan y piensan,
millones de huéspedes que se aburren
y tienen pesadillas y ataques de nervios.

No cabe duda. Ésta es mi casa.
Todos los perros y campanarios
pasan frente a ella.
Pero a mi casa la azotan los rayos
y un día se va a partir en dos.

Y yo no sabré dónde guarecerme
porque todas sus puertas dan afuera del mundo.

This Is My House

There's no doubt. This is my house
I occur here, I
deceive myself greatly here.
This is my house detained in time.

Autumn arrives and defends me,
the spring and it condemns me.
I have millions of guests
who laugh and eat,
copulate and sleep,
play and think,
millions of guests who become bored
and have nightmares and nervous fits.

There's no doubt. This is my house.
All the dogs and bell towers
pass in front of her.
But my house is whipped by the rays
and one day it will break in half.

And I won't know where to take refuge
because all of its doors lead to the outside of the world.

Ahora En Cambio

Hubiera entregado el Dios que no poseo,
hubiera aprendido tres o cuatro signos,
y así desalentado,
así fiel, ceniciento,
invariable como un recuerdo atroz,
me hubiera respondido,
me hubiera transformado en ademanes
me hubiera convencido como todos,
refugiado en el hambre universal,
salvado para siempre y para nada.

Ahora en cambio estoy un poco solo,
de veras un poco solo y solo.
Mi tristeza es un vaso de oraciones
que se derraman sobre el césped
y desde el césped nace Dios
y está también un poco solo,
de veras un poco solo y solo.

Mas yo le ayudo a conocer las aves
y en toda su extensión la herejía, vegetal,
los corazones de sus alegres huérfanos,
la tierra que es la palma de su mano.

Now On The Other Hand

I would have surrendered the God I don't possess,
I would have learned three or four symbols,
and thus discouraged,
thus loyal, ashen,
invariably like an atrocious memory,
he would have responded,
he would have transformed me into manners,
he would have convinced me like everyone,
refugee in the universal hunger,
saved forever and for nothing.

Now on the other hand I'm somewhat alone,
truly somewhat alone and alone.
My sadness is a vase of prayers
that spill on the grass
and from the grass God is born
and is also somewhat alone,
truly somewhat alone and alone.

Yet I help him to recognize the wings
and in all its extension the vegetative heresy,
the hearts of his happy orphans,
the earth that is the palm of his hand.

Empero

Cierro los ojos para disuadirme.
Ahora no es, no puede ser la muerte.
Está el escarabajo de tropezones,
mi sed de ti, la baja tarde inmóvil.
De veras está todo como antes:
el cielo tan inerme,
la misma soledad tan maciza,
la luz que se devora. y no comprende.
Todo está como antes
de tu rostro sin nubes,
todo aguarda como antes la anunciada
estación en suspenso,
pero también estaba entonces este pánico
de no saber huir y no saber
alejarme del odio.
De veras todo está
destruido, indescifrable,
como verdad caída inesperadamente
del cielo o del olvido
y si alguien, algo, me golpea los párpados
es una lenta gota empecinada.
Ahora no es, no puede ser la muerte.
Abro los ojos para convencerme.

However

I close my eyes to dissuade myself.
Now it isn't, it can't be death.
There is the faltering beetle,
my thirst for you, the descended immobile afternoon.
Everything is truly like it was before:
the sky so defenseless,
the same solitude so massive,
the light that it devours and doesn't understand.
Everything is like it was before
from your face without clouds,
like before everything waits for the announced
season in suspense,
but then there was also this panic
of not knowing how to flee and not knowing how to
move away from hatred.
Everything is truly
destroyed, indecipherable,
like unexpected truth fallen
from the sky or forgetfulness
and if someone, something, strikes my eyelids
it's a slow stubborn drop.
Now it isn't, it can't be death.
I open my eyes to convince myself.

Sólo Mientras Tanto

Vuelves, día de siempre,
rompiendo el aire justamente donde
el aire había crecido como muros.

Pero nos iluminas brutalmente
y en la sencilla náusea de tu claridad
sabemos cuándo se nos caerán los ojos,
el corazón, la piel de los recuerdos.

Claro, mientras tanto
hay oraciones, hay pétalos, hay ríos,
hay la ternura como un viento húmedo
Sólo mientras tanto.

Only In The Meantime

You return, usual day,
shattering the air right where
the air had grown like walls.

But it illuminates us brutally
and in the simple nausea of your clarity
we know when our eyes will drop,
our heart, the skin of our memories.

Of course, in the meantime,
there are prayers, there are petals, there are rivers,
there is tenderness like a damp wind.
Only in the meantime.

Dios Mediante

Cierto, me rodean árboles un tanto silenciosos,
se asoman al paisaje como buscándome
mas yo también me busco y he olvidado
desesperadamente mis labios.
Vuelvo recién del último silencio
y estaba Dios o algo así como Dios
desolando puntual mi sueño.
Sufrí como se sufre, demasiado feliz,
tendido aquí en la tierra, casi deshabitado.
pidiendo, no pidiendo, dejándome llevar.
Y estaba Dios o algo así como Dios
desencantando adrede mi soledad.
Sin embargo ahora estoy rodeado
por dos familiares en mi mundo desierto:
el hermano cielo, la hermana tarde,
viene sobre el viento la nube rosa.
Es cierto, me rodean,
se asoman al paisaje coma buscándome.
Son las moléculas de Dios infinito,
quizá Dios mismo o algo así como Dios,
pero se interponen entre él y yo.
No se me olvide,
nunca
se me olvide.
A Dios no podré asirlo
Dios mediante.

God Willing

It's true, somewhat silent trees surround me,
they appear on the landscape as if they're searching for me
but I also look for myself and have desperately
forgotten my lips.
I've just returned from the last silence
and God was present or something like God
punctually desolating my dream.
I suffered like one suffers, very happily,
lying here on the land, almost uninhabited,
asking, not asking, letting myself be taken.
And God was present, or something like God
intentionally disenchanting my solitude.
Nevertheless now I'm surrounded
by the relatives in my deserted world:
the brother sky, the sister afternoon,
the pink cloud coming across the sky.
It's true, they surround me,
they appear on the landscape as if they're searching for me.
They are the molecules of the infinite God,
perhaps God himself or something like God
but they intercede between Him and I.
Don't forget me,
never
forget me.
I won't be able to seize God,
God willing.

Nocturno

Por una vez no existe el cielo innecesario.
Nadie averigua acerca de mi corazón
ni de mi salud milagrosa y cordial,
porque es de noche, manantial de la noche,
viento de la noche, viento olvido,
porque es de noche entre silencio y uñas
y quedo desalmado como un reloj lento.

Húmeda oscuridad desgarradora,
oscuridad sin adivinaciones,
con solamente un grito que se quiebra a lo lejos,
y a lo lejos se cansa y me abandona.

Ella sabe qué palabras podrían decirse
cuando se extinguen todos los presagios
y el insomnio trae iras melancólicas
acerca del porvenir y otras angustias.

Pero no dice nada, no las suelta.
Entonces miro en lo oscuro llorando,
y me envuelvo otra vez en mi noche
como en una cortina pegajosa
que nadie nunca nadie nunca corre.

Por el aire invisible baja una luna dulce,
hasta el sueño por el aire invisible.
Estoy solo con mi infancia de alertas,
con mis corrientes espejismos de Dios
y calles que me empujan inexplicablemente
hacia un remoto mar de miedos.

Estoy solo como una estatua destruida,
como un muelle sin olas, como una simple cosa
que no tuviera el hábito de la respiración
ni el deber del descanso ni otras muertes en cierne,

Nocturnal

For once the unnecessary sky doesn't exist.
No one investigates my heart
or my miraculous and cordial health,
because it's nighttime, origin of the night,
wind of the night, forgotten wind,
because it's nighttime between silence and nails
and I remain soulless like a slow watch.

Damp heartbreaking darkness,
darkness without predictions,
with only a scream that cracks in the distance,
and in the distance becomes tired and abandons me.

She knows what words can be said
when all the omens are extinguished
and the insomnia brings melancholic anger
about the future and other anxieties.

But she doesn't say anything, she doesn't let them go.
And then I cry looking into the dark,
and wrap myself up in my night again
like in a sticky curtain
that no one ever no one ever pulls.

A sweet moon lowers in the invisible air
even dreams in the invisible air.
I'm alone with my infancy of vigilance,
with my current illusions of God
and streets that inexplicably push me
towards a remote sea of fears.

I'm alone like a destroyed statue,
like a dock without waves, like a simple thing
that wouldn't have the habit of breathing
nor the right to rest or other deaths in bloom,

solo en la anegada cuenca del desamparo
junto a ausencias que nunca retroceden.
Naturalmente, ella
conoce qué palabras podrían decirse,
pero no dice nada,
pero no dice nada irremediable.

only in the flooded valley of abandonment
next to absences that never retreat.
Naturally, she
knows which words can be said,
but doesn't say anything,
but doesn't say anything irremediable.

Las Primeras Miradas

Nadie sabe en qué noche de octubre solitario
de fatigados duendes que ya no ocurren,
puede inmolarse la perdida infancia
junto a recuerdos que se están haciendo.

Qué sorpresa sufrirse una vez desolado,
escuchar cómo tiembla el coraje en las sienes,
en el pecho, en los muslos impacientes
sentir cómo los labios se desprenden
de verbos maravillosos y descuidados,
de cifras defendidas en el aire muerto,
y cómo otras palabras nuevas, endurecidas
y desde ya cansadas se conjuran
para impedirnos el único fantasma de veras.

Cómo encontrar un sitio con los primeros ojos,
un sitio donde asir la larga soledad
con los primeros ojos, sin gastar
las primeras miradas,
y si quedan maltrechas de significados,
de cáscara de ideales, de purezas inmundas,
cómo encontrar un río con los primeros pasos,
un río — para lavarlos — que las lleve.

The First Glances

No one knows on what solitary October night,
of fatigued goblins who no longer appear,
the lost infancy can be sacrificed
alongside memories that are being made.

What a surprise to have suffered in desolation,
hear how anger trembles in the temples,
in the chest, in the impatient muscles
feel how the lips divest themselves
of marvelous and careless verbs,
of defended numerals in the dead air,
and how other words, new, hardened
and already tired conspire
to obstruct the only true phantom for us.

How to find a place with the first look,
a place where to grasp the long solitude
with the first look, without wasting
the first glances,
and if there remain maltreatments of meanings,
shells of ideas, filthy purity,
how to find a river with the first steps,
a river — to wash them — that will take them.

Elegir Mi Paisaje

Si pudiera elegir mi paisaje
de cosas memorables, mi paisaje
de otoño desolado,
elegiría, robaría esta calle
que es anterior a mí y a todos.

Ella devuelve mi mirada inservible,
la de hace apenas quince o veinte años
cuando la casa verde envenenaba el cielo.
Por eso es cruel dejarla recién atardecida
con tantos balcones como nidos a solas
y tantos pasos como nunca esperados.

Aquí estarán siempre, aquí, los enemigos,
los espías aleves de la soledad,
las piernas de mujer que arrastran a mis ojos
lejos de la ecuación de dos incógnitas.
Aquí hay pájaros, lluvia, alguna muerte,
hojas secas, bocinas y nombres desolados,
nubes que van creciendo en mi ventana
mientras la humedad trae lamentos y moscas.

Sin embargo existe también el pasado
con sus súbitas rosas y modestos escándalos
con sus duros sonidos de una ansiedad cualquiera
y su insignificante comezón de recuerdos.

Ah si pudiera elegir mi paisaje
elegiría, robaría esta calle,
esta calle recién atardecida
en la que encarnizadamente revivo
y de la que sé con estricta nostalgia
el número y el nombre de sus setenta árboles.

Choosing My Landscape

If I could choose my landscape
of memorable things, my landscape
of desolate autumn,
I would choose, steal this street
that is in front of me and everyone.

She returns my useless glance,
of barely the last fifteen or twenty years
when the green house poisoned the sky.
That's why it's cruel to leave her recently darkened
with so many balconies like private nests
and so many steps like never before expected.

Here, they will always be here, the enemies,
the treacherous spies of solitude,
women's legs that drag my eyes,
far from the equation of two unknowns.
Here there are birds, rain, some death,
dry leaves, loudspeakers and desolate names,
clouds that are growing on my window
while the dampness brings mourning and flies.

Nevertheless the past also exists
with its unexpected roses and modest scandals
with its harsh sounds of anxiousness
and its insignificant desire of memories.

Oh if I could choose my landscape
I would choose, steal this street,
this recently darkened street
in which I am cruelly revived
and of which I know with strict nostalgia
the numbers and the names of its seventy trees.

Ausencia De Dios

Digamos que te alejas definitivamente
hacia el pozo de olvido que prefieres,
pero la mejor parte de tu espacio,
en realidad la única constante de tu espacio,
quedará para siempre en mí, doliente,
persuadida, frustrada, silenciosa,
quedará en mí tu corazón inerte y sustancial,
tu corazón de una promesa única
en mí que estoy enteramente solo
sobreviviéndote.

Después de ese dolor redondo y eficaz,
pacientemente agrio, de invencible ternura,
ya no importa que use tu insoportable ausencia
ni que me atreva a preguntar si cabes
como siempre en una palabra.

Lo cierto es que ahora ya no estás en mi noche
desgarradoramente idéntica a las otras
que repetí buscándote, rodeándote.
Hay solamente un eco irremediable
de mi voz como niño, esa que no sabía.

Ahora qué miedo inútil, qué vergüenza
no tener oración para morder,
no tener fe para clavar las uñas,
no tener nada más que la noche,
saber que Dios se muere, se resbala,
que Dios retrocede con los brazos cerrados,
con los labios cerrados, con la niebla,
como un campanario atrozmente en ruinas
que desandara siglos de ceniza.

Absence Of God

Let's say you definitively move
towards the well of forgetfulness you prefer,
but the best part of your space,
in reality the only constant of your space,
shall always remain in me, ailing,
persuaded, frustrated, silent,
your inert and substantial heart will remain in me,
your heart of a unique promise
in me who is completely alone
outliving you.

After that round and effective pain,
patiently sour, of invincible tenderness,
it no longer matters that I use your unbearable absence
nor that I dare ask if you fit
like always in a single word.

The truth is that now you're no longer in my night
heartbreakingly identical to the others
that I repeated looking for you, surrounding you.
There is only an irremediable echo
of my voice as a child, the one that you didn't know.

Now what a useless fear, what a shame
not to have prayer for biting,
not to have faith to sink in the nails,
not to have anything more than the night,
know that God dies, He slips,
that God retreats with His arms crossed,
with His lips closed, with the fog,
like a bell tower in atrocious ruins
that will retrace centuries of ash.

Es tarde. Sin embargo yo daría
todos los juramentos y las lluvias,
las paredes con insultos y mimos,
las ventanas de invierno, el mar a veces,
por no tener tu corazón en mí,
tu corazón inevitable y doloroso
en mí que estoy enteramente solo
sobreviviéndote.

It's late. Nevertheless I would give
all the oaths and rains,
the walls with insults and caresses,
the windows of winter, the sea sometimes,
for not having your heart in me,
your inevitable and painful heart
in me who is entirely alone
outliving you.

Como Una Hiedra

Ahora es preciso que me encuentre indefenso
a solas con la vida de mi muerte
como recién nacido
como recién asido
a la posibilidad de mi no-ser.

Yo puedo ser el dueño de mis hechos,
puedo venir de alguna parte,
a la muerte puedo tender
como a una residencia o un presagio
y a la vida de la sobremuerte
como a una esperanza o un placer.

Pero cuando el silencio derriba el muro
y debo penetrar en la noche neutra
sin una sombra porque es sólo sombras,
sin un murciélago bendito
ni un relámpago de terror,
entonces sí me vuelvo despiadado,
entonces sí soy irrisorio,
entonces sí improviso mis rencores,
desmorono mis sueños,
verifico mis dudas.

El día estalla otra vez en gritos
busca con ansiedad mis ojos de la noche
toda muerte, mis ojos
de la olvidada noche.
Como una hiedra sigo trepando
por el muro que existe de nuevo
y el sol perpetuo me reconoce
y por un rato soy la vida.

Like An Ivy

Now it's necessary that you find me defenseless,
alone with the life of my death
like a newborn
as if recently grasping
the possibility of my non-existence.

I can be the owner of my acts,
can come from somewhere,
I can reach for death
as if towards a residence or an omen
and to the life of the after-death
as if towards hope or pleasure.

But when the silence demolishes the wall
and I should penetrate in the neutral night
without a shadow because it's only shadows,
without a holy bat
nor a lightning bolt of terror,
and then I do become pitiless,
then I am ridiculous,
then I do improvise my rancor,
destroy my dreams,
verify my doubts.

The day erupts in screams again,
my eyes of the night anxiously look
for all death, my eyes
of the forgotten night.
Like any ivy I continue to climb
along the wall that exists again
and the perpetual sun recognizes me
and for a while I am life.

Asunción De Ti
A Luz

1

Quién hubiera creído que se hallaba
sola en el aire, oculta,
tu mirada.
Quién hubiera creído esa terrible
ocasión de nacer puesta al alcance
de mi suerte y mis ojos,
y que tú y yo iríamos, despojados
de todo bien, de todo mal, de todo,
a aherrojarnos en el mismo silencio,
a inclinarnos sobre la misma fuente
para vernos y vernos
mutuamente espiados en el fondo,
temblando desde el agua,
descubriendo, pretendiendo alcanzar
quién eras tú detrás de la cortina,
quién era yo detrás de mí.
Y todavía no hemos visto nada.
Espero que alguien venga, inexorable,
siempre temo y espero,
y acabe por nombrarnos en un signo,
por sitiarnos en alguna estación
por dejarnos allí, como dos gritos
de asombro.
Pero nunca serás. Tú no eres ésa,
yo no soy ése, ésos, los que fuimos
antes de ser nosotros.

Eras sí pero ahora
suenas un poco a mí.
Era sí pero ahora
vengo un poco de ti.
No demasiado, solamente un toque,

Your Elevation
To Luz

1

Who would have believed that
alone in the air, hidden,
your look could be found?
Who would have believed that terrible
occasion of being born placed within reach
of my luck and my eyes,
and that you and I would depart, stripped
of everything good, of everything bad, of everything,
to be oppressed in the same silence,
to lean over the same fountain
to see ourselves and see ourselves
mutually spied upon at the bottom,
trembling from the water,
discovering, pretending to understand
who you were behind that curtain,
who I was behind myself?
And we still haven't seen anything.
I hope someone arrives, inexorably,
I always fear and hope,
and ends up designating as in a symbol,
by surrounding us in some season
by leaving us there, like two screams
of amazement.
But you'll never be. You're not her,
I'm not him, them, the ones we were
before being ourselves.

Yes you were but now
you sound a bit like me.
I was like that but now
I'm derived a bit from you.
Not very much, only a touch,

acaso un leve rasgo familiar,
pero que fuerce a todos a abarcarnos
a ti y a mí cuando nos piensen solos.

2

Hemos llegado al crepúsculo neutro
desde el día y la noche se fundan y se igualan.
Nadie podrá olvidar este descanso.
Pasa sobre mis párpados el cielo fácil
a dejarme los ojos vacíos de ciudad.
No pienses ahora en el tiempo de agujas,
en el tiempo de pobres desesperaciones.
Ahora sólo existe el anhelo desnudo,
el sol que se desprende de sus nubes de llanto,
tu rostro que se interna noche adentro
hasta sólo ser voz y humor de sonrisa.

3

Puedes querer el alba
cuando ames.
Puedes
venir a reclamarte como eras.
He conservado intacto tu paisaje.
Lo dejaré en tus manos
cuando éstas lleguen, como siempre
anunciándote.
Puedes
venir a reclamarte como eras.
Aunque ya no seas tú.
Aunque mi voz te espere
sola en su azar
quemado
y tu sueño sea eso y mucho más.
Puedes amar el alba
cuando quieras.

perhaps a slight, familiar characteristic,
but that forces everyone to embrace
you and I when they think we're alone.

2

We've arrived at the neutral twilight
since the day and night melt and equalize.
No one will be able to forget this rest.
The docile sky passes over my eyelids
to leave my eyes empty of the city
Don't think about celebrating now,
about times of poor desperation.
Only the naked yearning exists now,
the sun that detaches from its weeping clouds,
your face that penetrates in the night
until it's only a voice and a rumor of a smile.

3

You could love the dawn
when you love.
You could
come to reclaim how you were.
I've preserved your landscape intact.
I'll leave it in your hands
when these arrive, like always,
announcing you.
You could
come to reclaim how you once were.
Even though it's no longer you.
Even though my voice waits for you
alone in its fate
burning
and your dream would be that and much more.
You could love the dawn
when you want to.

Mi soledad ha aprendido a ostentarte.
Esta noche, otra noche
tú estarás
y volverá a gemir el tiempo giratorio
y los labios dirán
esta paz ahora esta paz ahora.
Ahora puedes venir a reclamarte,
penetrar en tus sábanas de alegre angustia,
reconocer tu tibio corazón sin excusas,
los cuadros persuadidos,
saberte aquí.
Habrá para vivir cualquier huida
y el momento de la espuma y el sol
que aquí permanecieron.
Habrá para aprender otra piedad
y el momento del sueño y el amor
que aquí permanecieron.
Esta noche, otra noche
tú estarás,
tibia estarás al alcance de mis ojos,
lejos ya de la ausencia que no nos pertenece.
He conservado intacto tu paisaje
pero no sé hasta dónde está intacto sin ti
sin que tú le prometas horizontes a la niebla,
sin que tú le reclames su ventana de arena.
Puedes querer el alba cuando ames.
Debes venir a reclamarte como eras.
Aunque ya no seas tú,
aunque contigo traigas
dolor y otros milagros.
Aunque seas otro rostro
de tu cielo hacia mí.

My solitude has learned to display you.
This night, another night
you'll be present
and you'll return to lament the revolving times
and the lips will say
this peace now this peace now.
Now you can come to reclaim yourself,
penetrate your sheets of happy anguish,
recognize your lukewarm heart without excuses,
the persuaded pictures,
knowing you're here.
There will be a chance to live through any escape,
and the moment of the foam and the sun
that remain here.
There will be a chance to learn another pity
and the moment of the dream and the love
that remain here.
This night, another night
you'll be
lukewarm you'll be within reach of my eyes,
already far away from the absence that doesn't belong to us.
I've preserved your landscape intact
but I don't know up to what extent it's intact without you,
without you promising horizons of clouds,
without you reclaiming its window of sand.
You could love the dawn when you love.
You should come to reclaim who you were.
Even though it's no longer you,
even though you would bring
pain and other miracles with you.
Even though you would be another face
of your sky facing me.

POEMAS DE LA OFICINA

1953–1956

OFFICE POEMS

1953–1956

Sueldo

Aquella esperanza que cabía en un dedal,
aquella alta vereda junto al barro,
aquel ir y venir del sueño,
aquel horóscopo de un larguísimo viaje
y el larguísimo viaje con adioses y gente
y países de nieve y corazones
donde cada kilómetro es un cielo distinto,
aquella confianza desde no sé cuándo,
aquel juramento hasta no sé dónde
aquella cruzada hacia no sé qué,
ese aquel que uno hubiera podido ser
con otro ritmo y alguna lotería,
en fin, para decirlo de una vez por todas,
aquella esperanza que cabía en un dedal
evidentemente no cabe en este sobre
con sucios papeles de tantas manos sucias
que me pagan, es lógico, en cada veintinueve
por tener los libros rubricados al día
y dejar que la vida transcurra,
gotee simplemente
como un aceite rancio.

Salary

That hope that fit into a thimble,
that upper footpath near the mud,
that coming and going of sleep,
that horoscope of a very long trip
and the very long trip with farewells and people
and countries of snow and hearts
where each kilometer is a different sky,
that confidence since I don't know when,
that oath until I don't know where,
that crusade towards I don't know what,
that thing one could have been
with a different rhythm and with some luck,
finally, to say it once and for all,
that hope that fit into a thimble
evidently doesn't fit in this envelope
with dirty papers from so many dirty hands
that pay me, it's logical, on every twenty-ninth
for keeping the signed books updated
and by allowing life to go by,
simply dripping
like rancid oil.

Ellos

Ellos saben si soy o si no soy,
ellos abren la puerta y dicen: "Pase,"
miran y relativamente son felices,
endosan el destino como un cheque
y eructan, aquiescentes, sin provocar a nadie.

Ellos saben si soy o no soy,
por detrás de los dientes dicen: "Hola,"
hablan y relativamente son ingenuos
y sencillos y escupen y recelan
y traspiran a veces en dos dedos de frente.

Ellos saben si soy o si no soy,
ellos cierran la mano y dicen: "Pero,"
viven y relativamente son milagros
y sueldo y providencia y mal aliento
y gastan por docenas los pañuelos sin lágrimas.

Ellos saben si soy o si no soy,
ellos miran al cielo y dicen: "¿Cuánto?"
pasan y relativamente son nombrados,
pero yo, como ellos me instruyeron,
no digo ni caramba ni ahí te pudras.

Them

They know if I exist or not,
they open the door and say: "Come in,"
look and are relatively happy,
endorse destiny like a check
and belch, acquiescently, without provoking anyone.

They know if I exist or not,
from behind their teeth they say: "Hello,"
talk and are relatively naïve
and simple and spit and suspect
and sometimes sweat intelligently.

They know if I exist or not,
they close their hand and say: "But,"
live and are relatively miracles
and salary and providence and bad breath
and wear out the handkerchiefs by the dozens without tears.

They know if I exist or not,
they look at the sky and say: "How much?"
pass by and are relatively renowned,
but I, as they taught me,
don't even say damn it nor there you'll rot.

El Nuevo

Viene contento
el nuevo
la sonrisa juntándole los labios
el lápizfaber virgen y agresivo
el duro traje azul
de los domingos.
Decente
un muchachito.
Cada vez que se sienta
piensa en las rodilleras
murmura sí señor
se olvida
de sí mismo.
Agacha la cabeza
escribe sin borrones
escribe escribe
hasta
las siete menos cinco.
Sólo entonces
suspira
y es un lindo suspiro
de modorra feliz
de cansancio tranquilo.

Claro
uno ya lo sabe
se agacha demasiado
dentro de veinte años
quizá
de veinticinco
no podrá enderezarse
ni será
el mismo
tendrá unos pantalones
mugrientos y cilíndricos

The New Guy

The new guy
arrives happily
his smile bringing his lips together
the virgin and aggressive Faber pencil
and the loud blue
Sunday suit.
A decent
young boy.
Every time he sits down
he thinks about his knee patches
mumbles yes sir
and forgets
about himself.
He bows his head
writes without smudges
writes and writes
until
five minutes to seven.
Only then
does he sigh
and it's a lovely sigh
of happy drowsiness
of calm tiredness.

Of course
one already knows
he bends over too much
in twenty years
or perhaps
twenty-five
he won't be able to straighten up
nor will he
be the same
he'll be wearing
a dirty and cylindrical pair of pants

y un dolor en la espalda
siempre en su sitio.
No dirá
sí señor
dirá viejo podrido
rezará palabrotas
despacito
y dos veces al año
pensará
convencido
sin creer su nostalgia
ni culpar al destino
que todo
todo ha sido
demasiado
sencillo.

and have a pain in his back
always in the same place.
He won't say
yes sir
he'll say
rotten old man
slowly recite swear words
and two times a year
he'll think
convinced
without believing his nostalgia
nor blaming destiny
that everything
everything has been
too simple.

Verano

Voy a cerrar la tarde
se acabó
no trabajo
tiene la culpa el cielo
que urge como un río
tiene la culpa el aire
que está ansioso y no cambia
se acabó
no trabajo
tengo los dedos blandos
la cabeza remota
tengo los ojos llenos
de sueños
yo que sé
veo sólo paredes
se acabó
no trabajo
paredes con reproches
con órdenes
con rabia
pobrecitas paredes
con un solo almanaque
se acabó
no trabajo
que gira lentamente
dieciséis de diciembre.

Iba a cerrar la tarde
pero suena el teléfono
sí señor enseguida
comonó cuandoquiera.

Summer

I'm going to end the afternoon
it's ended
I don't work
it's the sky's fault
that rushes like a river
it's the air's fault
that's anxious and doesn't change
it's ended
I don't work because my fingers are soft,
my head is distant
my eyes are filled
with dreams
what do I know
I only see walls
it's ended
I don't work
walls with complaints
with orders
with rage
poor walls
with only one almanac
it's ended
I don't work
that slowly revolving
sixteenth of December.

I was going to end the afternoon
but the phone rings
yes sir right away
of course whenever you want.

Cuenta Corriente

Usted que se desliza
sobre el tiempo,
usted que saca punta
y se persigna,
usted, modesto anfibio,
usted que firma con mi pluma fuente
y tose con su tos y no me escupa,
usted que sirve para
morirse y no se muere,
usted que tiene ojos dulces como el destino
y dudas que son cheques
al portador
y dudas
que le despejan Life y Selecciones,
¿cómo hace noche a noche
para cerrar los ojos
sin una sola deuda
sin una sola deuda
sin una sola sola sola deuda?

Current Account

You who slips
through time,
you who sharpens
and crosses himself,
you, modest amphibian,
you who signs with my fountain pen
and coughs with your cough and doesn't spit at me,
you who are good for
dying and doesn't die,
you who has sweet eyes like destiny
and doubts that are cashiers
checks
and doubts
that *Life* and *Selecciónes* clarify,
what do you do night after night
to close your eyes
without a single debt
without a single debt
without a single single single debt?

Aguinaldo

Ya he sacado mis cuentas
y no le pago
a nadie.

Ni al sastre que me hizo estas solapas
como alas de palomo
ni al pobre almacenero
que no me vende azúcar
ni al Banco que me ahorca
ni al librero que gime
ni al destino que claro no recoge
las tiernas oraciones
que envío contra reembolso.

Ya he sacado mis cuentas
y no le pago
a nadie.

Cobraré el aguinaldo en billetes de a uno
y me iré caminando por Dieciocho
silbando un tango amargo
como otro distraído.

Christmas Bonus

I've already added up my bills
and I'm not paying
anyone.

Not the tailor who made these lapels for me
like cock pigeon wings
or the poor grocer
who doesn't sell me sugar
or the bank that hangs me
or the bookseller who complains
or destiny that surely doesn't collect
the tender prayers
that I pay cash on delivery.

I've already added up my bills
and I'm not paying
anyone.

I'll collect the Christmas bonus in one dollar bills
and I'll go walking along Dieciocho
whistling a bitter tango
like another careless person.

Lunes

Volvió el noble trabajo
pucha qué triste
que nos brinda el pan nuestro
pucha qué triste
me meto en el atraso
hastacuandodiosmío
como un viejo tornillo
como cualquier gusano
me meto en el atraso
y el atraso me esfixia,
dos veinte, cinco quince,
me aplasta, me golpea,
once setenta, mil
trescientos veintiuno,
se me perdió una cifra
estaba aquí y ahora
tres falsos contrasientos
gotean de mi bolsillo
alguien llama alguien manda
pucha qué triste
alguien
se metió en el atraso
desordenó las pistas
y en cada diferencia
añadió tres centésimos.

Volvió el noble trabajo
aleluya
qué peste
faltan para el domingo
como siete semanas.

Monday

The noble work returned
what a damn pity
that gives us our daily bread
what a damn pity
I get into the delay
untilwhenmyGod
like an old screw
like any worm
I get into the delay
and the delay suffocates me,
two twenty, five fifteen,
crushes me, strikes me,
eleven seventy, one thousand
three hundred and twenty-one,
I lost a figure
it was here and now
three incorrect counter-entries
drip from my pocket
someone calls someone commands
what a damn pity
someone
got into the delay
disarranged the columns
and for each difference
added three hundredths.

The noble work returned
hallelujah
what depravity
there are about seven weeks left
until Sunday.

Directorio

Hay una tos reseca
como de cigarrillo
después
un comentario murmurado
un arrastre de silla
dos bostezos
la lectura del acta anterior
esa peste.

El delgado tabique
toma partido y cuenta
nos cuenta todo
como un gran secreto.

Ahora un largo silencio
alguien escribe
alguien
y a mí todo eso
ni me va ni me viene.

Se discute
se vota
se toma coca cola
en una paz cansada
se estudia el presupuesto.

De pronto uno difunde
el alerta.
Otros gritan.
Este dice: "Jamás"
y aquéllos dicen: "Nunca."

Board Of Directors

There is a dry cough
like from cigarettes
then
a murmured remark,
a chair being dragged
two yawns
the reading of the minutes
that foul smell.

The thin partition wall
chooses a side and tells
it tells us everything
like a big secret.

Now a long silence
someone writes
someone
and all of that
makes no difference to me.

There is discussion
voting
Coca-Cola drinking
in a tired peace
the budget is studied.

Suddenly one of them sounds
the alarm.
Others scream.
This one says: "Not ever"
and those say: "Never."

Los reproches golpean
la tímida mampara
pero yo estoy tranquilo
tranquilo e importante.

Un orgullo pueril
me enciende
y sobriamente
reconozco que ahora
están hablando de mí.

The reproaches strike
the timid screen
but I am calm
calm and important.

Childish pride
kindles me
and I soberly
realize that now
they're talking about me.

Cosas De Uno

Yo digo ¿no?
esta mano
que escribe mil doscientos
y transporte
y Enero
y saldo en caja
que balancea el secante
y da vuelta la hoja
esta mano crispada en el apuro
porque se viene el plazo
y no hay tu tía
que suma cifras de otros
cheques de otros
que verdaderamente pertenece a otros
yo digo ¿no?
esta mano
¿qué carajo
tiene que ver conmigo?

One's Matters

I say no?
this hand
that writes one thousand two hundred
and transportation
and January
and the available cash
that balances the blotting
and turns the sheet
this twitching hand in a hurry
because the promissory note is due
and it's no use
that add the figures of others
checks of others
that really belong to others
I say no?
this hand
what the hell
does it have to do with me?

Kindergarten

Vino el patrón y nos dejó su niño
casi tres horas nos dejó su niño,
indefenso, sonriente, millonario,
un angelito gordo y sin palabras.

Lo sentamos allí, frente a la máquina
y él se puso a romper su patrimonio.
Como un experto desgarró la cinta
y le gustaron efes y paréntesis.

Nosotros, satisfechos como tías
lo dejamos hacer. Después de todo,
sólo dice "papá." El año que viene
dirá estádespedido y noseaidiota.

Kindergarten

The master arrived and left us his son
almost three hours he left us his son,
defenseless, smiling, and wealthy,
a fat little speechless angel.

We sat him over there, in front of the machine
and he began to break his inheritance.
Like an expert he tore the ribbon
and liked the f's and parenthesis.

Us, satisfied like whores,
let him do it. After all,
he only says "papa." Next year
he'll say you'refired and don'tbeanidiot.

Dactilógrafo

Montevideo quince de noviembre
de mil novecientos cincuenta y cinco
Montevideo era verde en mi infancia
absolutamente verde y con tranvías
muy señor nuestro por la presente
yo tuve un libro del que podía leer
veinticinco centímetros por noche
y después del libro la noche se espesaba
y yo quería pensar en cómo sería eso
de no ser de caer como piedra en un pozo
comunicamos a usted que en esta fecha
hemos efectuado por su cuenta
quién era ah sí mi madre se acercaba
y prendía la luz y no te asustes
y después la apagaba antes que me durmiera
el pago de trescientos doce pesos
a la firma Menéndez & Solari
y sólo veía sombras como caballos
y elefantes y monstruos casi hombres
y sin embargo aquello era mejor
que pensarme sin la savia del miedo
desaparecido como se acostumbra
en un todo de acuerdo con sus órdenes
de fecha siete del corriente
era tan diferente era verde
absolutamente verde y con tranvías
y qué optimismo tener la ventanilla
sentirse dueño de la calle que baja
jugar con los números de las puertas cerradas
y apostar consigo mismo en términos severos
rogámosle acusar recibo lo antes posible
si terminaba en cuatro o trece o diecisiete
era que iba a reír o a perder o a morirme
de esta comunicación a fin de que podamos
y hacerme tan sólo una trampa por cuadra

Typist

Montevideo Fifteenth of November
of One Thousand Nine Hundred and Fifty-Five
Montevideo was green during my childhood
absolutely green and with streetcars
my dear sir at the present time
I once had a book from which I could read
twenty-five centimeters each night
and after the book the night would thicken
and I wanted to think about how it would be like
not to fall into temptation like rocks in a puddle
and communicate to you that on this date
we have brought about on your behalf
who was it oh yes my mother approached
and would turn on the light and don't be afraid
and afterwards she would turn it off before I fell asleep
the payment of three hundred and twelve dollars
to the Menendez & Solari firm
and I only saw shadows like horses
and elephants and monsters almost like men
and still that was better
than being without the vigor of fear
invisible as usual
completely in accordance with your orders
of the seventh day of this month
it was so different it was green
absolutely green and with streetcars
and what optimism to have the small window
to feel like the owner of the street that drops
play with the numbers on the closed doors
and wager with oneself in severe terms
we beg you to acknowledge receipt as soon as possible
if it would end in four or thirteen or seventeen
it was that I was going to laugh or lose or die
from this communication to the extent that we can
and trick me once per city block

registrarlo en su cuenta corriente
absolutamente verde y con tranvías
y el Prado con caminos de hojas secas
y el olor a eucaliptus y a temprano
saludamos a usted atentamente
y desde allí los años y quién sabe.

record it in the current account
absolutely green and with streetcars
and the Prado with roads of dry leaves
and the smell of eucalyptus and early on
we greet you attentively
and from then on the years and who knows.

Hermano

Qué suerte
siempre iguales
hermano
vos y yo
desde aquella alegría
de nuestro primer sueldo
siempre iguales
hermano
en las licencias
en los aguinaldos
en los ascensos
en las comisiones
siempre en el mismo cargo
siempre en el mismo sueldo
yo
usando lo que sé
brindando lo que tengo
ecuaciones
inglés
teneduría
alemán
buena letra
logaritmos
yo
usando lo que sé
nada más
nada menos
vos
prendido de la Oreja
como una caravana.

Brother

What luck
always alike
brother
you and I
since that happiness
of our first pay day
always alike
brother
in the degrees
in the Christmas bonuses
in the promotions
in the commissions
always in the same position
always with the same salary
I
using what I know
offering what I have
equations
English
bookkeeping
German
good handwriting
logarithms
I
using what I know
nothing more
nothing less
you
handsomely dressed
like a caravan.

Después

El cielo de veras que no es éste de ahora
el cielo de cuando me jubile
durará todo el día
todo el día caerá
como lluvia de sol sobre mi calva.

Yo estaré un poco sordo para escuchar los árboles
pero de todos modos recordaré que existen
tal vez un poco viejo para andar en la arena
pero el mar todavía me pondrá melancólico
estaré sin memoria y sin dinero
con el tiempo en mis brazos como un recién nacido
y llorará conmigo y lloraré con él
estaré solitario como una ostra
pero podré hablar de mis fieles amigos
que como siempre contarán desde Europa
sus cada vez más tímidos contrabandos y becas.

Claro estaré en la orilla del mundo contemplando
desfiles para niños y pensionistas
aviones
eclipses
y regatas
y me pondré sombrero para mirar la luna
nadie pedirá informes ni balances ni cifras
y sólo tendré horario para morirme
pero el cielo de veras que no es éste de ahora
ese cielo de cuando me jubile
habrá llegado demasiado tarde.

Afterwards

In truth the real sky isn't the present one
the sky of my retirement
will last all day
it will fall all day
like rain from the sun on my bald head.

I'll be a little deaf to hear the trees
but still I'll remember that they exist
perhaps a bit too old to walk on the sand
but the sea will still make me melancholy
I'll have no memory or money
with time in my arms like a newborn
and it will cry with me and I'll cry with it
I'll be alone like an oyster
but I'll still be able to talk about my loyal friends
who as usual will talk about Europe
their increasingly timid smuggling and treasures.

Of course I'll be on the edge of the world contemplating
parades for children and retirees
airplanes
eclipses
and regattas
and I'll put on a hat to look at the moon
no one will ask me for reports or balances or figures
and I'll only have a schedule for when to die
but in truth the real sky isn't the present one
that sky of my retirement
must have arrived too late.

Oración

Déjame este zumbido de verano
y la ausencia bendita de la siesta
déjame este lápiz
este block
esta máquina
este impecable atraso de dos meses
este mensaje del tabulador
déjame solo con mi sueldo
con mis deudas y mi patrón
déjame
pero
no me dejes
después de la siete
menos diez
Señor
cuando esta niebla de ficción
se esfume
y quedes Tú
sí quedo Yo.

Prayer

Leave me this summer buzzing
and the holy absence of siesta
leave me this pencil
this pad of paper
this machine
this impeccable two month delay
this message from the tabulator
leave me alone with my salary
with my debts and my boss
leave me
but
don't leave me
after ten
to seven
Sir
when this fog of fiction
vanishes
and You remain
if I remain.

Elegía Extra

Hoy
un domingo
como cualquier otro
uno de esos
que Dios ha reservado
para el mate
la radio despacito
para el amor
repetido en los parques
para el descanso
el vino
y el Estadio
para la dulce farra
de la siesta
precisamente hoy
un domingo cualquiera
debo abrir puertas
de silencio horrible
debo juntarme
con mi aburrimiento
debo enfrentar mi mesa
empecinada
asquerosa de tinta
y de papeles.
El sol allí cerquita
sucio domingo
pienso
yo a veces di consejos
claros como setiembre
yo me hice mala sangre
hasta la madrugada
¿y ahora qué?
ahora
espesos y rituales
Gardel y un alboroto

Remarkable Elegy

Today
a Sunday
like any other
one of those
that God has reserved
for the *maté*
the radio on low
for love
repeated in the parks
for the relaxation
the wine
and the stadium
for the sweet revelry
of the siesta
precisely today
a Sunday like any other
I should open doors
of horrible silence
I should join
my boredom
I should face my filthy
desk
smeared with ink
and documents.
The nearby sun
dirty Sunday
I think
that I gave advice sometimes
clear like September
made myself vindictive
until daybreak
and now what?
now,
dirtiness and rituals
Gardel and a disturbance

bajan del sexto piso
el sol va recorriendo
tranquilamente
el muro
y yo como un intruso
y yo como una pieza
dislocada
yo frente al miedo
de la Ciudad Vieja
más allá del fervor
y el pesimismo
porque a mis dedos
ya
nadie los mueve
y quedan más planillas
más planillas
más inmundas planillas
todas
con siete copias.

emanate from the sixth floor
the sun calmly
travels
the wall
and I like an intruder
and I like a dislocated
piece
facing the fear
of the Old City
beyond fervor
and pessimism
because no one moves my fingers
any longer
and more payroll accounts remain
more payroll accounts
more obscene payroll accounts
all
with seven copies.

Comisión

Mírela y no proteste
ésta es su tierra
amigo
ella lo está esperando
como una amante nueva
como la tierra
simplemente
que es
yo no sé si mañana
estará como ahora
ahí nomás tan cerquita
al lado de su mano
delante de su pie
porque la tierra es eso
una esperanza
porque la tierra es
claro
una inversión
y cada día usted sabe
que su esperanza vale
un poco un poco más
tómela y no discuta
ella lo está esperando
como una buena madre
como una patria nueva
como la tierra
simplemente
que es
piénsalo usted la paga
en treinta años
qué son
treinta años para el mundo
treinta años para Dios

Commission

Look at her and don't protest
this is your land
friend
she's waiting for you
like a new lover
simply
like the land
that it is
I don't know if tomorrow
will be like today
just over there
so close
next to your hand
in front of your foot
because the land is that
a hope
because the land is
of course
an investment
and every day you know
that your hope is worth
a bit a bit more
take her and don't argue
she's waiting for you
like a good mother
like a new motherland
simply
like the land
that it is
think about it
you can pay for it
in thirty years
that are
thirty years for the world
thirty years for God

un abrir y cerrar
de ojos
un suspiro
además
claro
bueno
comonó comonó
ésta es su tierra
amigo
no se olvide
de abonarme la seña
es más seguro.

an opening and a closing
of eyes
a sigh
and besides
of course
well
whynot whynot
this is your land
friend
don't forget
to affirm the sign for me
it's much safer.

Angelus

Quién me iba a decir que el destino era esto.

Ver la lluvia a través de letras invertidas,
un paredón con manchas que figuran prohombres,
el techo de los ómnibus brillantes como peces
y esa melancolía que impregna las bocinas.

Aquí no hay cielo,
aquí no hay horizonte.

Hay una mesa grande para todos los brazos
y una silla que gira cuando quiero escaparme.
Otro día se acaba y el destino era esto.

Es raro que uno tenga tiempo de verse triste:
siempre suena una orden, un teléfono, un timbre,
y, claro, está prohibido llorar sobre los libros
porque no queda bien que la tinta se corra.

Angelus

Who was going to tell me that this was destiny.

See the rain through reversed letters,
a large and thick wall with stains shaped like commanders,
the ceiling of the buses that are brilliant like fish
and that melancholy that saturate the horns.

There is no sky here
there is no horizon here.

There is a big table for all the arms
and a chair that rotates when I want to escape.
Another day ends and this was destiny.

It's rare that one has time to see oneself sad:
a telephone, a bell, and a requisition always rings,
and, of course, it's forbidden to cry on the books
because it's not good for the ink to run.

Amor, De Tarde

Es una lástima que no estés conmigo
cuando miro el reloj y son las cuatro
y acabo la planilla y pienso diez minutos
y estiro las piernas como todas las tardes
y hago así con los hombros para aflojar la espalda
y me doblo los dedos y les saco mentiras.

Es una lástima que no estés conmigo
cuando miro el reloj y son las cinco
y soy una manija que calcula intereses
o dos manos que saltan sobre cuarenta teclas
o un oído que escucha como ladra el teléfono
o un tipo que hace números y les saca verdades.

Es una lástima que no estés conmigo
cuando miro el reloj y son las seis.
Podrías acerarte de sorpresa
y decirme "¿Qué tal?" y quedaríamos
yo con la mancha roja de tus labios
tú con el tinte azul de mi carbónico.

Love In The Afternoon

It's a shame you're not with me
when I look at the clock and it's four
and I finish the payroll accounts and think for ten minutes
and stretch my legs like every afternoon
and I do the same with my shoulders to loosen my back
and I fold my fingers and crack my knuckles.

It's a shame you're not with me
when I look at the clock and it's five
and I'm a handle that calculates interests
or two hands that pounce on forty keys
or an ear that listens to how the telephone barks
or someone who makes up numbers and derives truth from them.

It's a shame you're not with me
when I look at the clock and it's six.
You could approach me by surprise
and say "How are you?" and we would end up with
me with the red smudge from your lips
you with the blue soot from my carbon.

Oh

Jefe
usté está aburrido
aburrido de veras
hace veintiocho años
que sabe sus asientos
que comprueba los saldos
y revuelve el café.

Está aburrido
jefe
se le nota en los ojos
en la voz
en las órdenes
en el paso
en las mangas
en los setenta rubros
de letra redondilla.

Jefe
usté está aburrido
nadie lo sabe
nadie.

Pero ahora que está solo
ahora que no ven Ellos
desahóguese
grite
discuta
diga mierda
dé golpes en la mesa
vuélvase insoportable
por favor
diga no
diga no muchas veces

Oh

Boss
you're bored
truly bored
for twenty-eight years
you've known your entries
verified the balances
and stirred the coffee.

You're bored
boss
you can see it in the eyes
in the voice
in the commands
in the walk
in the sleeves
in the seventy headings
of round handwriting.

Boss
you're bored
no one knows it
no one.

But now that you're alone
now that They can't see you
relieve yourself
scream
argue
say shit
pound on the table
become unbearable
please
say no
say no many times

hasta quedarse ronco.

No cuesta nada
jefe
haga la prueba.

until you become hoarse.

It doesn't cost anything
boss
try it.

Licencia

Aquí empieza el descanso.
En mi conciencia y en el almanaque
junto a mi nombre y cargo en la planilla
aquí empieza el descanso.
Dos semanas.

Debo apurarme porque hay tantas cosas
recuperar el mar
eso primero
recuperar el mar desde una altura
y hallar toda la vida en cuatro olas
gigantescas y tristes como sueños

mirar el cielo estéril
y encontrarlo cambiado
hallar que el horizonte
se acercó veinte metros
que el césped hace un año era más verde
y aguardar con paciencia
escuchando los grillos
el apagón tranquilo de la luna.

Me desperezo
grito
poca cosa
qué poca cosa soy sobre la arena
la mañana se fue
se va la tarde
la caída del sol me desanima
sin embargo respiro
sin embargo
qué apretujón de ocio a plazo fijo.

Leave

Rest begins here.
In my conscience and on the calendar
next to my name and position on the payroll
rest begins here.
Two weeks.

I should hurry because there are so many things
retrieve the sea
that first
retrieve the sea from an altitude
and discover all of life in four waves
gigantic and sad like dreams

look at the barren sky
and find it changed
discover that the horizon
advanced twenty meters
that the grass was greener a year ago
and wait patiently
listening to the crickets
the calm blackout of the moon.

I stretch
shout
nothing much
how insignificant I am on the sand
the morning left
the afternoon is leaving
the sunset discourages me
nevertheless I breathe
nevertheless
what a crush of leisure during this fixed time.

Pero nadie se asusta
nadie quiere
pensar que se ha nacido para esto
pensar que alcanza y sobra
con los pinos
y la mujer
y el libro
y el crepúsculo.

Una noche cualquiera acaba todo
una mañana exacta
seis y cuarto
suena el despertador como sonaba
en el resto del año
un alarido.

Aquí empieza el trabajo.
En mi cabeza y en el almanaque
junto a mi nombre y cargo en la planilla.

Aquí empieza el trabajo.
Mansamente.
Son
cincuenta semanas.

But no one gets frightened
no one wants to
think they were born for this
think there's enough and excess
with the pines
and the woman
and the book
and the twilight.

A night like any other finished everything
an accurate morning
six fifteen
the alarm clock sounds like it sounded
during the rest of the year
a yell.

Work begins here.
In my head and on the calendar
next to my name and position on the payroll.

Work begins here.
Quietly.
It's
fifty weeks.